AF337680

LA COLONISATION

ET LA

QUESTION INDIGÈNE

EN NOUVELLE-CALÉDONIE

PAR

M. ARCHAMBAULT

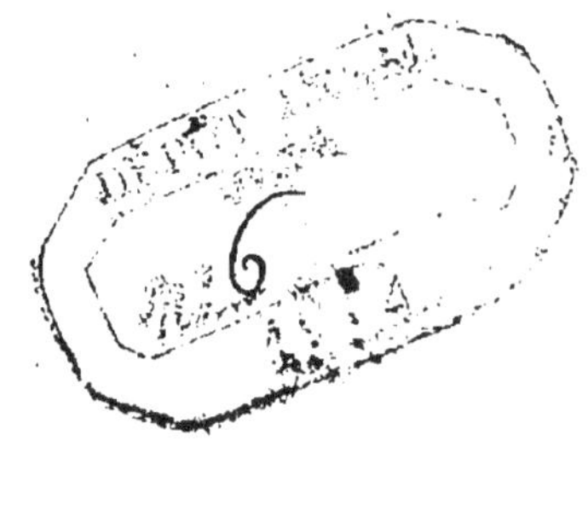

DOLE

IMPRIMERIE GIRARDI ET AUDEBERT

—

1904

LA COLONISATION

ET LA QUESTION INDIGÈNE

EN NOUVELLE-CALÉDONIE

LA COLONISATION

ET LA

QUESTION INDIGÈNE

EN NOUVELLE-CALÉDONIE

PAR

M. ARCHAMBAULT

DOLE

IMPRIMERIE GIRARDI ET AUDEBERT

—

1904

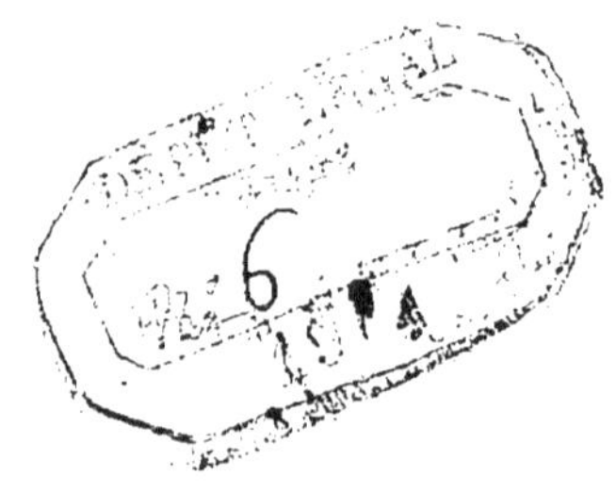

AVANT-PROPOS

J'ai écrit les quelques pages qui forment cet opuscule peu après mon arrivée à Paris, sous l'impression que m'a causée, au cours de conversations avec certaines personnes qui m'interrogeaient sur les faits qui avaient amené la campagne du « Comité de protection et de défense des indigènes » contre M. le gouverneur Feillet, la profonde incompréhension manifestée par quelques-unes d'entre elles à l'égard d'une question qui se pose inéluctablement partout où il s'agit de constituer une colonie de peuplement ; afin aussi de démasquer la source haineuse et intéressée, d'où sont parties toutes les attaques perfides qui ont cherché à ruiner une œuvre inspirée par le patriotisme le plus élevé.

A ce moment, la santé si éprouvée de M. Feillet donnait encore quelque espoir. Ses amis, ses collaborateurs, et c'est les trois quarts des colons de la Nouvelle-Calédonie, ne voulant pas se courber sous l'implacable injustice d'une destinée qui arracherait à son œuvre ce grand travailleur, cette haute et lucide intelligence, ce pionnier *infatigable du progrès et de la marche en avant, s'affirmaient sans cesse à eux-mêmes que le miracle déjà fait une fois se réaliserait à nouveau, que leur Gouverneur leur serait rendu ; que l'œuvre de colonisation si bien amorcée et qui prenait un essor magnifique serait continuée, marchant à pas de géant sous cette impulsion incomparable dont seul il avait le secret, et qu'ainsi serait donné le témoignage, dans les solitudes lointaines des mers australasiennes, aux portes d'un nouveau monde évoqué d'hier à la vie, et qui envisage l'avenir avec tant de superbe, que le génie français, lorsqu'on lui laisse développer librement ses qualités d'initiative et d'organisation, est capable, lui aussi, de créer un de ces chefs-d'œuvre de l'esprit humain qu'on appelle une colonie, c'est à dire une jeune nation, image de la mère-patrie, surgissant d'un sol nouveau dans un élan ambitieux vers l'avenir, rejeton affirmant la vitalité de la vieille souche et gage d'un de ces empires de demain pour la race.*

C'était sans doute trop demander, et le spectre macabre a jeté sa lourde faux dans la balance. Aussi bien ne méritions-nous pas cette faveur, nous qui, par notre mollesse, avons laissé notre chef assumer un labeur surhumain, le tenant sur la brèche jour et nuit, et n'avons pas su prendre une plus large part de la lutte, pour lui épargner quelques-uns de ces soucis épuisants par lesquels s'en va si vite toute vie.

Au lendemain du coup dont nous avons tous ressenti la lugubre commotion, je publierai ces feuillets trop insuffisants, il y aurait un volume à écrire sur pareille matière, non plus seulement pour répondre à de malveillantes attaques et dissiper d'injustes préventions, mais aussi en témoignage de l'œuvre grande par son idéal, à laquelle j'ai contribué dans une très minime mesure, mais de tout cœur, et pour apporter mon modeste tribut d'hommages à la mémoire d'un de ces grands patriotes de la race des Cavelier de la Salle, des Dupleix, des La Bourdonnais, des Bugeaud, des Faidherbe, hommes qui ne seraient pas rares parmi nous, si la pusillanimité française *ne les avait pour la plupart étouffés dans l'œuf.*

M. Archambault.

Paris, 14 novembre 1903.

LA COLONISATION

ET LA QUESTION INDIGÈNE

EN NOUVELLE-CALÉDONIE

Cherchant, comme toutes les grandes races, un champ en rapport avec un besoin d'activité que ses amis clairvoyants voudraient voir toujours plus développé, la France s'est reconstitué, dans le cours du siècle dernier, au prix des luttes et des traverses que l'on sait, un empire colonial dont l'étendue et les ressources multiples paraissent propres à satisfaire pour longtemps le contingent des cœurs aventureux disposés à quitter l'existence si étroite et si uniforme de la mère-patrie, pour aller outre mer s'essayer dans de larges espaces à cette nouvelle tâche. Le travail de conquête et d'exploration fourni à diverses périodes, et surtout de 1880 à 1900, a été énorme et, fécond en péripéties, a permis d'écrire nombre de pages émouvantes qui, répondant à un besoin passionnel de l'âme française, ont efficacement popularisé parmi nous l'idée coloniale, à un point

de vue toutefois que certains esprits réfléchis,
pénétrés du problème de l'expansion des races et
des efforts qu'il comporte, pourraient regretter.
Mais la période de conquête est, ou peu s'en faut,
terminée, et tous affirment qu'il ne peut plus être
question maintenant que d'organiser ces nouvelles possessions, la part qui nous est dès à
présent dévolue pouvant suffire à un appétit
autrement robuste que le nôtre.

Organiser est toujours une tâche complexe,
ardue, entourée de beaucoup de difficultés, et à
laquelle ne vient guère qu'une justice tardive, se
dégageant péniblement d'un flot de récrimina-
tions intéressées, émanant de tous ceux qu'on a
dû, de par un intérêt supérieur, cantonner dans
des limites trop restreintes à leur gré. Or, en
colonisation, une des affaires les plus délicates,
c'est l'établissement d'un *modus vivendi* satis-
faisant entre colonisateurs et colonisés, entre
immigrants et naturels. Comme l'on sait, aucune
des terres que nous nous sommes attribuées
n'était libre d'occupants, toutes au contraire, des
arabes algériens aux papouas néo-calédoniens et
aux nègres congolais, étaient peuplées de races
civilisées à des degrés divers, allant presque
d'un extrême à l'autre de l'échelle. Quels que
soient les conflits et les troubles plus ou moins
prolongés que provoque inévitablement l'intrusion subite de toute race agissante, à un degré

aussi élevé que celui actuellement atteint par les races latines ou germaniques, dans un milieu où l'état social présente souvent tant d'écart, il n'échappera à aucune personne au courant de ces questions spéciales et connaissant les conséquences de notre système de centralisation exagérée, que l'administration d'une colonie n'aura pas tant à faire du côté des éléments antagonistes qu'il lui faut contenir, et dont elle arrivera vite à régler le jeu avec la sûreté de main que donnent l'étude *de visu* et le contact journalier, que de tel ou tel groupe de personnes agissant dans la capitale et prétendant s'ingérer dans les affaires coloniales au nom de certains principes abstraits très respectables, et dont toute politique doit s'inspirer en plus ou moins grande partie, mais non, ce qui serait une erreur grave, s'y subordonner entièrement, d'autres principes antagonistes tout aussi impérieux réclamant également satisfaction. On ne devrait pas oublier d'ailleurs que tout principe abstrait est de l'absolu et que toute suite d'affaires en ce monde, administration coloniale comme les autres, est du contingent. Nul n'ignore, n'est-ce pas, que toute chose humaine n'admet de l'absolu que dans une certaine proportion, et selon sa nature. Rappelons à ce propos le vieux précepte si sage et qu'on ne devrait jamais oublier : *la lettre tue et l'esprit vivifie.*

J'ai précisément eu l'occasion d'étudier à fond pour l'avoir longuement vécue, cette question si particulièrement coloniale, dans l'une de nos possessions les plus modestes, mais où la diversité des éléments en jeu, l'ardeur de leurs compétitions et la singularité des données rendaient le problème des plus complexes et de nature à lasser toute bonne volonté ordinaire. Je voudrais en faire l'exposé lucide et complet, tout en le condensant en quelques pages, afin de faire toucher du doigt ces difficultés et de montrer à ceux qui s'occupent des affaires coloniales le danger d'intervenir dans leur fonctionnement sur des informations hâtives et sans une connaissance suffisamment approfondie de leurs éléments. Ce qui vient de se passer en Nouvelle-Calédonie, où l'action de l'administration locale faillit subir un complet désarroi, de par une regrettable intervention dans les milieux influents du Comité de protection et de défense des indigènes, comité composé d'hommes remarquables à des titres divers, soit par leur attachement aux principes d'humanité, soit par les services rendus, mais, il faut bien le dire, très incomplètement renseignés dans ce cas spécial, me paraît bien propre à servir d'exemple et à illustrer cette face si ingrate du problème colonial (1). On verra alors quelle somme d'atten-

(1) En 1901, le comité de protection et de défense des indigènes a répandu dans Paris une brochure de quelques

tion et de dévouement exigent la recherche et l'application des mesures devant donner une solution vraiment satisfaisante au conflit des races, et combien il importe de faire un crédit plus large, et d'accorder une confiance plus entière à ceux qui assument le devoir de consolider l'influence française dans notre jeune patrimoine d'outre-mer.

Pour juger d'un problème colonial il faut évidemment se transporter dans une atmosphère qui n'est plus celle de la métropole, car les éléments la constituant sont très différents, et accommoder son regard de façon à pouvoir juger de toutes choses en tenant compte des jeux d'ombre et de lumière qui lui sont propres. Quels sont ces éléments et comment les apprécier intrinsèquement ? Nul autre moyen que de les passer promptement en revue dans un rapide historique qui nous permettra d'ailleurs de noter, chemin faisant, l'évolution subie dans le cours des âges précédents par l'idée de colonisation.

pages, sous ce titre : « Spoliation des indigènes de la Nouvelle-Calédonie », où l'administration de cette colonie était violemment prise à partie sous l'influence d'incitations intéressées venant de la colonie et propres à donner le change sur des transactions dont le bien fondé sera étudié ci-après. Mais qui pourrait dire toutes les démarches hostiles au gouverneur M. Feillet, que les membres de ce comité ont faites à ce propos, soit au Pavillon de Flore, soit au Parlement, soit auprès des organes de la presse coloniale, partout où leur action avait chance d'aboutir ?

Acclimatés dès lors à cette nouvelle atmosphère, nous verrons les êtres qui s'y meuvent dans leur vraie nature et nous pourrons déterminer sciemment vers quel but il est préférable de les acheminer.

La Colonisation. — Sa raison d'être.
Ses éléments.

L'esprit de colonisation, c'est à dire ce sentiment de lassitude du milieu héréditaire, ce goût du changement, ce besoin instinctif d'obtenir une certaine régénération de l'être en le transplantant dans un cadre différent du milieu originel et propre par l'effort qu'imposera la nouvelle adaptation à renouveler et à multiplier les primitives conceptions, a surtout caractérisé ces races qui sont unies par le patrimoine commun des langues aryennes. Obéissant évidemment à des mobiles bien divers, par exemple à la nécessité de quitter un sol ravagé par la guerre ou par la famine, mais plus souvent certes tentés par l'amour des contrées lointaines que quelque mirage douait d'un attrait irrésistible, on voit aussi loin qu'on peut remonter dans le passé, les antiques tribus dans lesquelles nous nous reconnaissons, lancer à tout moment des essaims de leurs jeunes guerriers à travers le monde; bien moins, semble-t-il, à la recherche de butin et

de pillage que hantés de l'idée de quelque
« Eden », autrefois souriant au berceau de la
race, et dont la recherche désormais épuise en
vaines courses ceux qui ne pouvaient admettre
sa disparition de la terre. Un rêve de ce genre
peut seul nous expliquer telle migration de ces
fils de Japhet : Indiens, Perses, Celtes, Ger-
mains ou Slaves, quittant parfois une patrie
attrayante, pour se fixer enfin, fatigués sans
doute de la longue pérégrination, dans une
contrée lointaine souvent moins favorisée que la
terre natale. Mais leur cœur assoiffé de l'au-delà,
ce signe divin en somme, s'était en partie satis-
fait dans l'effort vaillamment soutenu et aussi
dans les mille spectacles nouveaux ressentis au
hasard du chemin, dans la joie de la pensée
s'éveillant chaque jour plus large et plus profonde à la contemplation du décor infini de la
Nature, ainsi qu'au coudoiement des autres races
et à la pénétration éducatrice de leurs mœurs, de
leurs arts, de leurs secrets. Donc heureuse pré-
disposition que cette foi à la chimère d'un monde
meilleur, récompense des efforts des vaillants ;
puisque des vagabondages éperdus auxquels elle
a entraîné de tout temps nos ancêtres, elle les a
faits, grâce à cette fortifiante gymnastique morale
et intellectuelle, les héritiers de ceux qui, nos
aînés sur le globe, nous avaient précédés dans la
civilisation et leur a mérité l'hégémonie du
monde.

Il n'est guère de races évidemment qui, dans leur long passé, soient restées stables autour de leur berceau. Les plus attachées au limon maternel n'ont sans doute jamais pu y river toutes leurs générations ; soit que, trop pullulantes, la terre leur manquât, soit que quelque fléau leur imposât la fuite, soit encore se laissant entraîner à quelque esprit de conquête. Mais alors que ce fait n'intervient qu'exceptionnellement chez les races de couleur (en dehors de la tendance commune à tout noyau humain d'élargir l'horizon ancestral), nous retrouvons l'amour des expéditions aventureuses et la tendance à fonder des établissements permanents en terre lointaine s'affirmer de plus en plus à mesure que d'échelon en échelon, nous en arrivons à la race dont nous sommes issus.

Presque timide a été la colonisation grecque, de tempérament asiatique, semble-t-il, en regard de la pétulance des Occidentaux, car les « Nouvelles Grèces » se sont presque toutes assises sur les côtes, faisant face par delà d'étroites mers à cette métropole, en lui formant comme une couronne, et pour leurs colonies de commerce et d'exploitation, dont la reine fut notre antique Massilia, ces marins d'une prudence consommée n'ont pas osé franchir les colonnes d'Hercule. Mais fondateurs de libres cités restant unies à la métropole par le lieu du commun idéal, ils ont bien la caractéristique de l'esprit aryen, et il faudra arriver aux temps modernes pour retrouver ce haut esprit de colonisation. Bien plus vigoureuse par contre, parce que fortement pénétrée de l'esprit occidental corroboré par une savante organisation militaire, se montre l'action de Rome. Sur quel orbe la cité latine n'a-t-elle pas étendu le rayonnement du phare capitolin ! Mais malgré sa forte assise et sa politique consommée, l'impériale cité fléchit, elle aussi, son heure sans doute ayant sonné. Elle avait tout pour vaincre, science et hommes, et pouvait se rire, sous le bon abri de ses larges frontières mouvantes, bien protégée par ses légions invincibles et par ses nombreuses forteresses, de ces misérables hordes barbares d'outre-Rhin et d'outre-Danube. Pourtant elle s'affaissa sous le choc si souvent répété de ces grands enfants qui, las de leurs sombres et glaciales forêts, voulaient, également imbus de l'esprit aryen, coloniser, eux, les pays de ciel bleu et d'éclatante lumière. Leur assaut fut souvent effroyable, mais de la mêlée immense et du fusionnement des races qui s'en suivit, n'en est-il pas résulté un degré gagné dans l'évolution, la venue au monde d'un nouvel homme ? Comparez Byzance préservée, mais s'appauvrissant chaque jour dans sa stagnation et finalement s'affaissant sous le joug turc, à l'Occident, par moment submergé, mais gratifié d'un limon si fécondant et d'où l'homme apparaîtra un jour si grand !

On se récriera peut-être en me citant la barbarie si prolongée du Moyen-Age ? Eh ! mais, il s'est fait de grandes choses pendant cette longue période. D'ailleurs la besogne était colossale : à l'orient, le débordement tartare ; au midi, le débordement arabe ; au nord, le débordement scandinave. Comme on voit, on était assiégé de tous côtés et néanmoins rarement les entreprises de colonisation furent plus vaillamment poussées. Qu'on songe à l'aire sur laquelle elles se sont étendues : la Germanie, la Scandinavie et tout l'Orient slave. Il est vrai que cette fois un autre élément apparaît : la propagation religieuse, les pionniers de la colonisation sont des moines enflammés de prosélytisme chrétien, l'épée d'ailleurs les suivant de près et secondant volontiers la croix lorsque la persuasion échouait. Mais cela ne se passait pas qu'en Europe, et, coïncidence frappante, de l'autre côté de la Méditerranée, les Arabes marchaient eux aussi à la conquête du monde, poussés par le même esprit.

Des races de ce monde, aucune, pas même les Sémites, ne possède au même degré que nous, Européens, l'âcre levain qui fermente dans nos veines. Non contents de repousser toutes les invasions et de fortifier la puissante citadelle européenne, nous n'avons pas tardé, tantôt poussés par le zèle religieux, tantôt lancés par l'attrait du butin ou travaillés par l'appât du gain, à multiplier nos incursions chez nos rivaux. Et comme toujours, le profit le plus sérieux que l'on tira de ces efforts, ce fut, non pas les conquêtes passagères, l'or qui s'évanouit si vite, le butin tout de suite gaspillé, mais ces trésors que personne ne songe à défendre : les idées qui éclosent çà et là sous la tension de quelque passion, s'échauffent et s'illuminent par leur mutuel frottement et qui, ramenées de toutes parts par nos aventuriers, nos pèlerins et nos marchands, devaient avec celles que nous avions tirées de notre propre fonds, allumer dans les cerveaux cette conflagration inextinguible qui nous transporte au-dessus de nous-mêmes et nous lance sans trêve à la réalisation d'un monde meilleur, reflet moral de nous-mêmes : œuvre immense et que nul n'aurait le courage d'entreprendre si obscurément chacun ne l'entrevoyait à travers une certaine somme d'avantages personnels à réaliser.

Nous voici à la Renaissance, cette éclatante apothéose des efforts accumulés en tous sens par le patient Moyen-Age. Armées de la boussole, les nefs européennes s'aventurent au loin, non parfois sans frémir. Elles franchissent l'Atlantique, et l'Amérique est découverte. Elles doublent le cap des Tempêtes, et, bientôt, les cités merveilleuses des Indes éblouissent les yeux des marins. Encore un effort, et une voile voguant vers l'Amérique s'élancera, hantée du problème à résoudre, plus loin encore, dévorant l'immensité bleue du Pacifique, et victorieusement rentrera au port après avoir longé les rivages des deux Indes, des quatre continents, et dompté sous son étrave toutes les grandes mers du globe.

Maintenant, c'est la Terre dans toute son ampleur qui s'ouvre au robuste appétit du colonisateur européen. Mais la plupart se laisseront fasciner par les rivages enchantés, bondés de richesses, où les races indolentes se laissent arracher sans trop de peine le fruit de leurs travaux. Marins, soldats, planteurs, commerçants, moines, tous se précipitent vers les pays jaunes ou noirs, ne rêvant que richesses à extorquer au plus vite, et le prompt retour au pays natal où on mènera la vie dorée. La colonie d'exploitation, ils n'ont que ça en tête. Mais quel que soit le sort qui les attend, l'œuvre à laquelle ils s'attachent est vaine, un flot qui passe et aucune trace n'en reste !

Il était réservé à la Révolution religieuse qui secouait l'Europe jusqu'en ses plus intimes entrailles, d'animer d'un nouvel esprit les entreprises de colonisation, et d'être le point de départ de ce que j'appellerai dans cet ordre d'idées la période protestante ; mouvement nous ramenant d'un bond prodigieux à la véritable colonisation aryenne et dont le résultat a été la création

autour de la vieille Europe d'une magnifique couronne de nouvelles Europes, comme autrefois les
grandes colonies grecques formèrent une couronne autour de l'antique Hellade.

Il convient donc de saluer très bas, comme à
des pionniers ouvrant une voie nouvelle et des
plus fécondes, ces obscurs héros à l'âme ferme
et simple qui, voulant jouir sans retard de l'idéal
aimé, quittèrent les rivages anglais pour aller
au delà de la grande mer, travailler de leurs
mains à l'édification de leur « *Nouvelle Sion* », à
la réalisation immédiate du monde d'harmonie
que chacun rêve dans son cœur. Ce ne furent pas
les Indes opulentes et délicieuses d'Orient ou
d'Occident qui les attirèrent, mais ils allèrent
au plus court, à ces modestes côtes américaines
d'en face, à ces contrées obscures et presque
sans nom où rien n'est de nature à tenter la cu-
pidité, sachant bien qu'ils n'auraient à compter
que sur le travail de leurs mains pour assurer
l'abri et la subsistance de leur famille. Il ne leur
fallait rien autre qu'une terre vierge de toute
servitude, un espace illimité où le regard pût
s'étendre sans rencontrer aucun signe de domination, pour y fonder leur jeune cité, y abriter
leur foyer et y vivre d'une libre foi. Mais pour
n'avoir demandé que le pain et la liberté à ce sol
en friche, de quelles moissons n'ont-ils pas été
récompensés par surcroît ! Nul n'ignore ce que

sont devenues ces colonies aux commencements
si humbles de la Nouvelle-Angleterre.

L'exemple donné par les passagers du *May-
flower* , s'est propagé de siècle en siècle. Il a
surtout trouvé son écho parmi ces fils de la
vieille Europe chez lesquels sommeille l'instinct
scandinave, ceux qui préfèrent, aux villes
étroites et à leurs aises captieuses, les coudées
franches dans la libre nature et l'attrait ensor-
celant des courses sans fin dans la solitude, y bu-
vant à longs traits cette eau symbolique de Jou-
vence que distille la forte et sereine Isis à ceux
qui se plongent au plus profond de son sein.
Aujourd'hui, le flot européen s'est largement dé-
versé sur toutes les terres où le climat permet
de fonder des cités de labeur et de pensée. Chaque
année, ce sont des multitudes immenses qu'on
voit quitter une patrie où les facultés trop com-
primées par les vieilles institutions despotiques
s'étiolent, pour demander l'affranchissement de
tous les pesants héritages du sol natal aux nouvelles républiques. De quelle aubaine ne jouit-elle
pas, cette fortunée race anglaise, pour avoir, béné-
ficiant des luttes soutenues dans tout l'Occident
par les Réformateurs, donné sa foi sans retour
et sans défaillance à un haut idéal de liberté et
d'efforts énergiques pour un progrès jamais suffisant ? Elle a maintenant la douce fierté d'entendre sa langue résonner, reine sans conteste,

à travers tous ces immenses territoires où l'Europe se reconnaît et souvent s'admire dans les jeunes nations qui travaillent d'un cœur si résolu à frayer la voie où marchera l'Humanité. Quel triste retour ne devons-nous pas faire sur nous-mêmes, Français, sur notre légèreté inguérissable qui nous arrête aux vaines bagatelles, en songeant quelle part nous aurions pu prendre à cette œuvre grandiose ! Pourtant, après Coligny, ces huguenots de Henri IV et de Sully nous avaient lancés dans cette voie, et leur Canada aurait pu devenir le noyau d'une *Nouvelle France* rivale de la *Nouvelle Angleterre*, si la réaction jésuitique n'avait bientôt contrecarré leurs efforts. Ne pouvait-elle en effet, cette malheureuse colonie, qu'agoniser lentement jusqu'au jour où l'imbécillité de nos rois devait nous la faire perdre, puisque toute liberté, l'ingrédient vital de ces organismes, lui était refusée !

Pourtant le brillant tableau que nous avons cherché à esquisser ne sera pas sans quelques ombres pour ceux qui s'inquiètent du sort des races déshéritées. Les Etats-Unis par exemple, ce vaste territoire presque aussi grand que l'Europe, avaient des premiers occupants ; ces Peaux-Rouges, invétérés fils de la savane et de la forêt, dédaignant toute autre occupation que la guerre, la chasse et la pêche, et mettant leur point d'honneur à éviter tout travail régulier, considéré comme marque de servilité. Si remplis d'équité que fussent les premiers colons, le voisinage côte-à-côte ne pouvait longtemps durer entre eux et ces sauvages qui avaient le droit de les regarder comme des intrus et qui, d'ailleurs, imbus de leurs idées de communisme et de libre allure, en prenaient trop à leur aise avec les récoltes et le bétail du colon ; car l'esprit du primitif s'éblouit dès qu'il voit quelque part affluence, et il s'imagine facilement avoir le droit d'en user comme d'aubaines tombant de la main d'une providence pour l'avantage de tous. Puis les sentiments de bienséance de l'européen ne peuvent s'accommoder non plus de la familiarité du sauvage, entrant dans la maison du blanc comme chez lui, et usant de tout avec une liberté déplacée. Froissements, luttes et guerres sans merci étaient inévitables. Et même dans la guerre, cet homme de couleur à qui toute ruse est bonne, qui non seulement vous attaque la nuit ou bien par derrière, à l'improviste, mais encore ne se fera pas scrupule de se présenter en ami et au moment où, confiant, vous lui donnerez la main, vous assassinera traîtreusement ; la féroce jouissance qu'il prend à torturer longuement et savamment ses victimes, toute cette mauvaise foi du faible à qui nul subterfuge ne pèse, devait, en le montrant incapable de loyauté, éveiller une haine implacable chez le colon qui n'aura pas de repos jusqu'à ce qu'il ait chassé bien loin de ses établissements et rendu impossible de sa part, toute nouvelle incursion, cette « *sale vermine* » !

Les misérables Peaux-Rouges, qui vivaient en hordes si clairsemées dans leur immense patrie, ne pouvaient tenir bien longtemps devant les rangs chaque jour plus pressés des « *Visages Pâles* ». Dédaigneux de troquer leur libre arbitre, insoucieux du lendemain, contre la civilisation de l'envahisseur dont l'assimilation exige une attention si soutenue qu'ils s'en sentaient incapables, ils ont préféré garder leur vie presque animale, où le fils toute son existence calquera exactement l'exemple donné par le père, suffisamment satisfaits des impressions peu variées que permet une existence oisive et des redites perpétuelles qu'ils échangent les uns les autres. Et puis cette race a dû sans doute, de se trouver comme par un coup de théâtre en contact avec un monde trop supérieur, être frappée dans sa plus subtile raison d'existence. Comme toute autre fraction de l'humanité, elle devait vivre dans l'illusion de sa suprématie sur toute la Nature, y compris les « *barbares* » voisins, et cette fierté donne du ressort pour envisager l'existence, si dure puisse-t-elle être, et voir les enfants donner des gages d'avenir. Mais com-

ment conserver cette illusion en présence du
Blanc, dont la supériorité de traits et d'intelligence et l'industrie déconcertante le placent si
haut qu'il ne se donne plus la peine de dissimuler
son dédain ? Le dédain, voilà surtout la plaie
incurable. Aussi, blessés au cœur, pouvant à
peine se consoler entre eux, se sont-ils laissés
arracher sans trop de peine de leurs horizons
accoutumés, préférant le désert à la présence du
blanc abhorré, et le désert même finissant par
manquer, choisissant pour dernier refuge la
mort ! Et l'histoire des Peaux-Rouges est l'histoire de toutes ces races à l'esprit débile, aux
facultés engourdies, incapables de ressort par
manque de cœur, dont les générations se sont
succédé d'âge en âge, sans laisser d'œuvre
justifiant du crédit qui leur avait été accordé.
Pour s'être refusés autant qu'ils l'ont pu à la loi
du travail, le châtiment inéluctable devait les
atteindre. Il tenait à eux de comprendre plus ou
moins instinctivement, comme nous avons su le
faire, que si l'homme a une place d'honneur dans
l'échelle des êtres, c'est qu'on attend de lui
l'accomplissement d'une fonction des plus éle-
vées, mais aussi exigeant la tension incessante
de toutes ses facultés.

Donc, tous les chemins du monde sont ouverts.
Tandis que les uns rêvant la prompte fortune

vont aux Indes faire le négoce, ou établir des plantations, d'autres, aspirant vers l'édification d'une patrie conforme à leurs aspirations, iront simplement par delà l'Atlantique demander aux rivages américains des terres incultes où puisse croître le blé. A côté de ces deux courants coule toujours celui de la colonisation religieuse, mais il a subi, lui aussi, et du tout au tout, le contre-coup de la Réforme. L'Ordre des Jésuites en fait chose sienne. Fondé pour combattre le protestantisme et faire rentrer les dissidents dans le giron de Rome, il s'essaie également aux *Nouveaux Mondes*, de préférence là où le drapeau espagnol l'abrite de ses plis. Parallèlement aux petites républiques protestantes de la Nouvelle-Angleterre, il fonde des républiques monastiques, les célèbres réductions du Paraguay entre autres. Ce n'étaient pas seulement des âmes à élever à l'*idéal chrétien* que les « Pères » recherchaient. Des intérêts plus terre-à-terre entraient en première ligne. Des terres riches assurant une rapide opulence, des naturels d'un caractère docile maintenus de génération en génération sous une règle méticuleuse et étroite, ne laissant aucun jour où pût percer quelque pensée indépendante, voilà ce qu'il fallait à ces religieux intelligents et avisés. Comme l'on sait, sous leur gouverne, les Guaranis et autres *Peaux Brunes* du Sud-Amérique étaient devenus des catho-

liques parfaits, d'une docilité exemplaire, matériel-
lement très heureux, jamais troublés par l'ombre
d'une idée personnelle. A beaucoup près, le rêve
de Fénelon réalisé sur terre. Mais il y a quelque
part un décret qui veut que le Paradis ne soit
plus de ce monde. C'était donc trop beau pour
durer ! Un souffle et tout disparut ! De cette
tourmente où, sous l'assaut des idées philoso-
phiques, l'ordre des jésuites faillit à jamais dispa-
raître, il a perdu ses précieuses « *chrétientés* »,
mais cette vision continue toujours à éblouir ses
yeux et, sous quelque nom qu'on retrouve à
notre époque ces insinuants miliciens de Rome,
tous ceux qui s'en vont au delà des mers, dans
les *pays tièdes*, n'ont qu'un but latent ou avoué :
s'installer dans des terres riches susceptibles,
bien exploitées, de donner d'abondants revenus
et grouper autour de leurs églises des communautés composées de ces gens à l'âme si placide,
dont on se fait obéir si aisément, une fois bien
stylés, au doigt et à l'œil. Copieux revenus et
obéissance d'automates, voilà ce qu'il leur faut !
Aussi comme ils craignent le voisinage de l'européen, trafiquant ou planteur, qui vient inconsidé-
rément disputer une part du gâteau et, incor-
rigible railleur, souffler le scepticisme et toutes
sortes de pernicieuses suggestions dans le trou-
peau rassemblé à grande peine ! Faites-vous
raconter toutes les histoires d'Océanie et vous

saurez à quoi peuvent en arriver les *vénérables missionnaires à robe noire* pour extirper ce gêneur, le colon, et asseoir leur domination sans ombrage. En Nouvelle-Calédonie notamment, on se rappelle l'affaire de Pouébo !

Etat des indigènes néo-calédoniens au moment de l'occupation.

Grande terre chaotiquement hérissée de montagnes, sorte de Suisse océanienne aux aspects infiniment variés, ici toute joie et toute splendeur, là pénétrants d'austérité et de mélancolie, mais toujours environnés d'un charme doux et subtil, la « *Terre des Niaoulis* » nourrissait de longue date des enfants jaloux et fiers du sol maternel, l'aimant d'un amour nostalgique. Avant-garde vers le sud de la race papoue, ces canaques étaient de rudes guerriers, marchant toujours les armes à la main et prêts au moindre signe de leurs chefs à se ruer à la bataille. Aussi, ils nous ont disputé le terrain pied à pied, et si humain que se montre le Français vis-à-vis des indigènes, il a fallu, pour assurer la sécurité des premiers établissements, décourager sévèrement leurs tentatives de rébellion et tenir à quelque distance ces voisins incommodes. On avait en effet affaire à une race obstinée, ne rêvant qu'à ses armes et aux jeux de la guerre. Pour un oui, pour un non, pour un rapt de femme, pour des soupçons de sorcellerie, on s'entretuait entre tribus et des hommes restant sur le terrain on faisait ripaille. Notez que le goût de ces festins ne provenait pas, comme on a voulu le dire, du besoin d'aliments azotés, puisque leurs pêcheries pouvaient les leur fournir en abondance, les côtes et les rivières fourmillant de poissons, crustacés et coquillages, mais non, simplement pour savourer le fumet délicieux que prend la chair savamment rôtie dans le four canaque. Devant, vu leur état de guerre perpétuelle, se tenir sur un qui-vive de tous les instants, les hommes ne prenaient part aux travaux qu'en ce que seulement les femmes ne pouvaient venir à bout : la construction des cases, le façonnage des pirogues et les grands coups de perche rejetant la terre en ados pour la préparation des ignamières. La pêche évidemment était plutôt partie de plaisir pour les deux sexes, les Océaniens, les plus amphibies des races humaines, adorant l'eau. Bien entendu, aucun canaque ne mettait une charge sur ses épaules, c'était bon pour les femmes, véritables serves, voire même bêtes de somme, pliant toujours sous le faix et traînant les enfants, et par surcroît, rudement gratifiées de coups à la moindre faute par leur seigneur et maître ! En outre, peu industrieuse, laissant à peine percer çà et là quelque goût d'arrangement artiste, cette race était bien inférieure sous ce rapport à ses congénères des îles Salomon et de la Nouvelle-Guinée.

Ces êtres féroces avaient les chefs qu'ils méritaient. Disposant d'un pouvoir vraiment absolu, des hommes et des biens, autocrate dans toute l'acception du terme, sa parole faisait loi. Ne tenant de la tradition que le compte qu'il voulait, reconnu comme dieu et soleil de la tribu (assez confusément), le chef n'avait qu'à faire un signe pour voir tous ses désirs s'accomplir sur le champ. Une fille lui plaisait-elle? Une parole et elle entrait dans son gynécée. Etait-il en humeur de se régaler d'un bon rôti? Un signe et un homme tombait. Avait-il l'idée d'avantager l'un de ses favoris? Un ordre et le champ fertile ou la plantation de cocotiers était abandonné à celui qu'il désignait. Prélevant une large dîme sur toutes choses, tout ce qu'il y avait particulièrement de beau et de bon était pour le chef sans qu'on eût à s'attendre à une rémunération en retour. Etait-il un Néron au petit pied et sa tyrannie devenait-elle par trop insupportable? Il trouvait vite un dérivatif au mécontentement sourd de ses sujets en les emmenant batailler contre le voisin, le canaque ne se possédant plus dès qu'il voit reluire la perspective de tueries, surtout lorsque, comme en ce temps-là, elles étaient assaisonnées des festins que vous savez. Pourtant, le canaque

est plutôt doux et de bon naturel, nul n'est plus
hospitalier que lui, mais extrêmement impulsif
et incapable de se conduire d'après une règle
abstraite, il s'en reposait en toutes choses sur
l'omnipotence de ses chefs et se modelait aveu-
glément sur eux. Ceux-ci, évidemment, de caprice
en caprice, l'avaient amené à ce bel état.

Il est à remarquer que vivant en Nouvelle-
Calédonie depuis un temps forcément indéter-
miné, puisque aucune légende ne rappelle le
souvenir de migrations amenant ces négroïdes
dans l'île, mais qui certainement peut se chiffrer
par dizaines de siècles, nous les avons trouvés
en nombre singulièrement restreint eu égard à
l'étendue du territoire qu'ils occupaient, à sa
fertilité et à sa salubrité. On a évalué à 60.000
la population indigène de tout l'archipel néo-
calédonien (y compris les îles Loyalty), au moment de la prise de possession. Or, même étant
données les plantes vivrières cultivées par les
indigènes : taros, ignames, canne à sucre, cocotiers, bananiers (et dont le nombre aurait pu
être largement augmenté s'ils avaient voulu), le
territoire en question aurait facilement pu en
nourrir dix fois plus, la terre ne manquant pas
pour propager ces cultures. A un moment donné,
la population a dû être bien plus considérable,
car des terrassements indiquant d'anciens villages ou d'anciennes plantations se voient de

tous côtés. A quoi faut-il attribuer tous ces vides où la mort a fauché si largement si ce n'est à leur frénésie batailleuse ? Et depuis combien de temps se livraient-ils à ces luttes fratricides ? On ne saurait le dire. Dialectes et types sont très différents d'un canton à l'autre. On pourrait croire qu'au cours des âges, plusieurs migrations successives ont pu superposer leurs couches sur ce sol, et le goût de la guerre animé par l'anthropophagie aurait bien pu être introduit par l'une des dernières. Qu'on ne se récrie pas sur l'invraisemblance de telles migrations en alléguant les distances maritimes à franchir : les pirogues dout les Océaniens font usage peuvent aller très loin et on a des récits racontant qu'en certaines occasions, par exemple à cause d'un meurtre commis soit à la suite d'une rixe, soit par inadvertance dans un jeu, ou dans une fête, ces insulaires se jetaient facilement en mer à la merci des vents, préférant la chance à courir à la colère de ceux qu'ils avaient offensés, et parfois réussissant à gagner une terre et à s'y implanter. Il a pu arriver encore que des expéditions guerrières partant pour une île voisine aient été prises par un vent imprévu et entraînées contre leur volonté jusqu'à rencontre d'une terre plus ou moins lointaine, et on pourrait admettre que les privations supportées dans de telles traversées aient fait prendre goût à l'anthropophagie. Rappelons simplement que, dans leurs jeux, les canaques s'exerçaient particulièrement à repousser les agressions simulées d'un ennemi arrivant par la mer, preuve que leurs défiances étaient éveillées de ce côté.

Evolution de la question indigène à partir de la prise de possession.

. D'après les lignes qui précèdent, on doit se rendre compte quelle impression durent faire sur les officiers chargés d'organiser la nouvelle colonie, les féroces sauvages qui ne paraissaient guère rêver que sang, massacres et repas de cannibales, méprisant toute occupation industrieuse. Longtemps, ils ont passé pour les plus dégradés d'entre les hommes. Ces désastreux rapports ont certainement contribué à la mesure prise à ce moment à l'égard de leurs terres cultivées ou non, par laquelle on les a simplement attribuées au Domaine, c'est à dire au gouvernement de la colonie, en leur en concédant la jouissance selon une proportion toujours revisable d'après leur nombre et les besoins du moment. Avant de critiquer les termes de ce règlement, il serait bon de les peser longuement et surtout de revivre un peu dans l'atmosphère morale où ils furent élaborés. On s'apercevrait alors que la « *spoliation* » édictée n'était plus ici qu'une *confiscation parfaitement justifiée* de par les faits d'anthropophagie, dont les canaques en mainte occasion s'étaient rendus coupables à l'égard de nos officiers et de nos marins, même bien avant l'occupation, alors que ceux-ci étaient paisiblement occupés sur les côtes de l'île à des travaux d'hydrographie (*les bénévoles avocats des canaques me concéderont bien que tout peuple coutumier d'anthropophagie est hors la loi morale et que cette horrible dépravation doit être au moins atteinte par une sanction*). En outre, c'était une mesure de protection à leur égard destinée à ressaisir les terres déjà cédées aux trafiquants européens, à des prix dérisoires le plus souvent, et à empêcher la possibilité de tels contrats à l'avenir.

Il faut bien se rappeler que les primitifs, noirs ou bruns, tout fins, tout rusés que souvent ils nous apparaissent, sont peu capables de prévoyance et de raison suivie, et que rien n'est plus commun que de les voir entre les mains de certains Européens et sous l'empire d'une excitation passagère, passer avec ceux-ci des marchés désastreux, compromettant même l'existence de la tribu, quittes à s'exaspérer ensuite et à se soulever contre ceux qui leur auront extorqué ces marchés. La mesure « *spoliatrice* » des autorités néo-calédoniennes n'était donc pas si dépourvue de sagesse ni d'équité ; son plus grand tort, c'est d'avoir été trop sobre de considérants mettant en lumière les principes qui l'ont inspirée. C'est le défaut commun des documents coloniaux !

En fait, l'administration coloniale n'a usé dans la plupart des cas qu'avec une grande modération de l'arme qu'elle s'était réservée. Les indigènes ont continué d'occuper presque tous ceux de leurs établissements que j'appellerai des villages permanents, c'est à dire certaines agglomérations où des chefs (il y en a à des degrés divers) ont groupé leurs résidences et auxquelles des lieux tabous (bouquets de forêt dissimulant des cachettes de crânes de chefs et de pierres fétiches) donnent un caractère sacré. Notons que les canaques ayant le choix s'étaient naturellement installés dans les meilleures parties de l'île, au point de vue agricole, c'est à dire dans les larges. vallées grasses et fertiles, mais bas-fonds plutôt malsains pour eux. Or, imaginez ces terres exhubérantes de végétation cultivées suivant le capricieux roulement de l'indigène, et vous vous en ferez une idée juste en vous représentant quelques lambeaux de cultures, tachetant d'étroites clairières le manteau de buissonneuse végétation s'étendant plus ou moins loin autour du village. Et ce système est voulu, car l'indigène a le cauchemar du larcin et, dans cette crainte, il dissimule ses plantations dans la brousse, autant que possible à l'écart des sentiers frayés.

La revision de 1877, dont je puis parler, étant

déjà à ce moment dans la colonie, a maintenu les
canaques dans tous leurs établissements importants et les a laissés largement pourvus de terres
cultivables. Généralement on a respecté toutes
les régions où ils étendaient deci, delà, leurs
cultures. Exception ne peut être faite que pour
les régions de La Foa et de Bourail où l'agran-
dissement des centres pénitentiaires exigeait des
sacrifices. L'insurection de 1878 qui s'est étendue
dans la région constituée par les circonscriptions
de Bouloupari, La Foa, Moindou, Bourail et
Poya, soit une bande de pays de 150 kilomètres de
long sur 30 kilomètres de large, est peut-être due
pour une faible part à cette cause, pour une bien
plus forte aux divagations du gros bétail qui, à
cette époque, laissaient l'administration trop
insouciante, mais elle est surtout attribuable à
l'influence du grand chef Ataï, homme fier et
arrogant, et la première cause comme la seconde
lui ont simplement servi de prétextes pour attiser
le feu et soulever ses sujets. Mais, quand même
ces éléments lui auraient manqué, on peut dire,
étant donnée l'impatience avec laquelle les canaques (ou plutôt leurs chefs) supportaient 35
ans après la prise de possession, la domination
et le voisinage des blancs, que la colonie ne
pouvait échapper à cette crise qui devait toujours
se produire à un moment donné, ici plutôt que
là, Ataï, homme remarquable, chef d'une très

grande tribu, ayant beaucoup de vassaux dans son obédience, étant le centre tout désigné du mouvement.

C'est se faire beaucoup d'illusions sur les naturels de toute colonie que de s'imaginer qu'ils se résigneront à subir tous les ennuis que de propos délibéré ou non, souvent dans leur intérêt, nous leur imposons fatalement, sans faire, dans un essai décisif, l'épreuve de leurs forces et de celles de leurs envahisseurs. Et les canaques de cette génération de 1878, ayant comme tous les sauvages la conscience de leur infériorité, ont cru eux aussi pouvoir suppléer à la force par la ruse et se sont jetés sur leur chance suprême en faisant appel à tout leur art de la traîtrise, ivres d'avance du sang répandu avec frénésie, sans distinction d'âge ni de sexe, des festins où pour lier le pacte de haine, on goûterait de la chair du dominateur et des lueurs fauves de l'incendie consumant tout ce qui pouvait rappeler le souvenir de la race abhorrée.

La répression infligée aux insurgés a été sévère, mais non odieuse. Beaucoup d'entre eux sont tombés en combattant, principalement sous les coups de nos auxiliaires indigènes, les hommes de Canala, de Houaïlou, de Koné. Quelques-uns pris les armes à la main ont été fusillés — à titre de représailles seulement. Beaucoup de ceux qui ont capitulé, plutôt par lassitude de la poursuite, ont été internés à l'île des Pins, d'autres ont été laissés aux chefs de nos auxiliaires et établis par ceux-ci dans leurs terres, aussi loin des blancs qu'ils ont pu, c'est à dire dans des gorges très reculées du massif central, et en les retenant dans un vasselage particulier. Mais la sanction la plus effective a encore été la reprise totale des terres des insurgés, mesure largement justifiée par toutes leurs atrocités : massacres, viols, incendies, et surtout par les nombreux actes d'anthropophagie commis pendant les premiers mois de l'insurrection.

La leçon donnée à l'occasion du triste drame de 1878 a frappé une empreinte durable sur l'esprit des indigènes. Ils se sont souvent chamaillés entre tribus, toujours à propos de femmes, l'éternelle histoire du rapt d'Hélène ; deux fois ces querelles ont dégénéré en troubles graves, mais ils se sont toujours efforcés de les vider entre eux, se gardant bien de toucher aux blancs.

De 1878 à 1894, la Nouvelle-Calédonie ne fait plus que languir. Devenue une terre de réprobation en tant que colonie pénitentiaire, cette belle île, une des plus pittoresques du monde et dont les ressources sont si variées, effraie ceux qui seraient tentés d'en faire le champ de leur activité. A peine si le département des Colonies réussit de temps à autre à lui recruter quelques colons, ceux qui ont fondé les centres de Koné, de Voh et de la Ouaménie. Pendant cette même période, s'est produit un phénomène qui a frappé les yeux même les plus inattentifs : c'est la rapide extinction des indigènes. De ce fait, l'alcool doit être tenu pour la principale cause, le poison décimant les buveurs en ouvrant la porte à de nombreuses affections de poitrines ; mais nombre de maladies contagieuses y contribuent aussi, dyssenterie, lèpre, syphilis, cette dernière due surtout, comme on devait s'y attendre, à la large contamination qu'opèrent les pensionnaires du bagne, le tout corroboré par l'avortement, les femmes probablement dégoûtées de leur race, ne voulant plus avoir d'enfants et profitant de l'indifférence de leurs maris pour s'épargner les charges de la maternité !

On n'a pas été sans essayer de s'opposer à la marche de ces fléaux, mais peine perdue. De 1890 à 1898, on a interdit la vente de l'alcool aux indigènes, on réussit seulement à créer une industrie lucrative aux transportés libérés qui vont dans les tribus vendre très cher aux canaques une boisson exécrable ! On a essayé d'arrêter la marche de la lèpre en isolant les contaminés, soit dans la léproserie centrale de Bélep, soit dans les léproseries d'attente sur la côte. Mais les canaques, volontairement sourds aux conseils, ne veulent pas se séparer de leurs parents malades et les dissimulent autant qu'ils peuvent, tout en continuant de frayer avec eux, tout comme s'il n'y avait pas risque de contagion. Les mettre en garde contre le danger même de la façon la plus pressante, ne sert à rien. Ils font semblant d'acquiescer aux conseils qu'on leur donne, la civilité canaque interdisant la contradiction, mais en réalité n'en tiendront aucun compte et iront demander des remèdes au « *takata* » (médecin ou sorcier), pour soigner ceux qui sont atteints.

Oh ! l'œuvre de mort avance vite chez les canaques. Ils étaient environ 60.000 quand nous nous sommes établis chez eux ; sont-ils 20.000 maintenant ? Dans certaines régions, on dirait qu'ils ont hâte d'activer le moment final, ils ont leur danse macabre, des « *pilous* » où l'on trépigne, où l'on hurle, où la bouteille d'eau de mort passe de main en main, au battement frénétique des tambours, jusqu'à ce que les buveurs, hommes et femmes, tombent assommés sur le sol, insoucieux de la fraîcheur matinale qui va glacer bon nombre de poitrines et faire succéder en peu de temps le râle de l'agonie aux hoquets de l'ivresse !

M. le gouverneur Feillet prit en l'année 1894, les rênes de l'administration de la Nouvelle-Calédonie. Administrateur éclairé, homme d'action et tenace en ses desseins (on n'est colonisateur

qu'à cette condition), il prit son rôle à cœur et
pensant avec quelque raison qu'une contrée de
si belle apparence ne pouvait que donner des résultats magnifiques à une colonisation conduite
méthodiquement, il se mit tout de suite à étudier
un programme et à s'enquérir de terres où il pût
installer les colons qu'il se proposait de faire
venir et dont l'affluence devait donner un nouvel
essor à la colonie. En effet, chose bizarre, cette
colonie où il y avait si peu de colons, n'avait plus
de terres pour en recevoir. Les éleveurs de bétail, industrie exigeant de vastes surfaces, s'é-
taient fait concéder la plus grande partie des terrains mis de prime abord à la disposition de la
colonisation, terrains d'ailleurs médiocres, et à
l'aide du décret d'août 1884, l'Administration pénitentiaire s'était fait attribuer toutes les terres
de valeur disponibles, avec droit de priorité sur
les réserves indigènes. A tel point que pour la
création du centre de colonisation de la Ouaménie,
le département des Colonies avait dû passer un
marché passablement onéreux avec M. Cardozo
(payé en main d'œuvre pénale, il est vrai), pour
l'achat du domaine où ces colons furent installés !
Mais n'importe, inutile de penser pour la colonisation libre à ce magnifique domaine de l'A. P.,
c'était l'arche sainte, rien d'après les idées en
cours, n'autorisant à penser que la métropole re-
noncerait de sitôt à envoyer ses criminels dans le

bel Eden que le législateur bénévole leur avait ménagé, sans doute à titre d'encouragement pour la progression de leur estimable industrie. On y est arrivé depuis, et c'est encore un service que la Nouvelle-Calédonie doit à M. Feillet, mais il a fallu toute l'autorité de sa parole secondée par des arguments péremptoires, et une remarquable ténacité dans le débat pour obtenir un gain de cause partiel. Mais enfin, en 1894, on était encore loin de cette mesure de salubrité.

Nous étions donc en ladite année en présence de cette situation : D'une part un vaste territoire, à climat excellent quoique de latitude tropicale, semblant tout disposé pour accueillir de nombreux colons, et leur permettre de prospérer au sein de la plus belle nature ; en définitive, un pays à souhait pour la fondation d'une de ces petites France, qui resteront encore trop rares et surtout trop minuscules pour qui a souci de l'avenir de notre race. Dans cette colonie : un cadre administratif et judiciaire admirable, très compliqué, mais presque pas de colons, un gros de population à Nouméa, s'occupant surtout de commerce et de spéculations sur les mines ; dans l'intérieur, quelques chétifs villages s'égrenant de loin en loin, peuplés de gens se débattant, même la plupart des éleveurs dans le marasme, et cela par manque d'entrain, la vie se retirant de ce corps. Non loin de ces centres languissants, de

superbes terres, étalant sous une épaisse parure
de végétation folle, des promesses de fécondité
inépuisables et conviant, semblait-il, le travailleur laborieux à tirer de leur sein des récoltes
abondantes, tandis que, par un destin contraire,
elles étaient en réalité vouées à la brousse, au
moins pour les 49/50 (*deux hectares sur cent, y
compris les plantations de cocotiers*), puisque
c'était là le cantonnement des indigènes. En
face, la colonie pénitentiaire, heureuse, état-
major et pensionnaires de toutes catégories
compris, bouffie d'orgueil et insolente dans sa
prospérité, se croyant sûre du lendemain et
pouvoir escompter la disparition prochaine de
sa rivale anémique.

Colonisateur convaincu, M. le gouverneur
Feillet voulut créer à nouveau cette Calédonie
qui agonisait en dépit de toutes ses richesses
latentes. Pour que le sang courût à nouveau
joyeusement dans ses artères, il fallait susciter
un afflux de colons et les mettre à même de
tirer à bref délai du sol, étant donnés de modestes
moyens d'action, d'abondants et rémunérateurs
produits, afin d'établir un courant commercial
qui, une fois amorcé, ne pourrait que s'accroître
et se fortifier, assurant le développement de la
colonie. Pour atteindre ce but, il songea à
s'entendre avec les chefs indigènes afin d'obtenir
d'eux à l'amiable les terres qu'ils laissaient

inoccupées. C'est par Canala qu'on commença. Je puis parler avec compétence de cette affaire, car je me trouvais dans cette localité à ce moment-là (en 1895), et j'ai même été mêlé aux négociations entamées à cet effet. Au grand chef Graviné, commandant les indigènes établis sur la région qu'on avait en vue, il fut demandé la moitié latérale de la vallée de la Nékopo, devenue presque déserte par suite de ce dépeuplement que j'ai signalé plus haut, soit contre le paiement une fois pour toutes d'une somme à déterminer, soit contre le paiement d'une rente viagère tant à lui qu'à son père, le vieux chef Kaké. Après réflexion et entente avec ses principaux conseillers (il avait largement pris son temps), il répondit en offrant toute la vallée en question, s'en réservant seulement une petite partie au voisinage de sa résidence et quelques lieux tabous auxquels tenaient particulièrement les indigènes en raison de la sépulture de quelques-uns de leurs chefs (entre autres du célèbre Nondo qui a joué un rôle pendant l'insurection de 1878). Or, ces conditions n'ont été acceptées qu'après s'être assuré qu'il restait largement de terres à Graviné et même bien au delà, pour installer les indigènes dépossédés, et en retour de cet abandon Kaké et Graviné jouirent de la pension viagère stipulée par eux-mêmes. Maintenant, Graviné, en se montrant si large quant à la terre, avait certainement un but politique ; il n'était sans doute pas fâché de ramener plus près de lui des hommes dont l'obéissance laissait de plus en plus à désirer. Toutefois, quel qu'ait été son mobile, il agissait en tant que chef dans la plénitude de son droit. A ceux qui seraient tentés de se récrier à cette affirmation, je me permettrai simplement de leur faire observer *qu'aucun canaque n'ayant abandonné son statut indigène et ne supportant aucune de nos charges, ils ne sont donc pas des Français, comme on affecte de le dire, mais seulement des membres de communautés néo-calédoniennes soumises au contrôle étroit des autorités françaises.* Je doute qu'on puisse me démontrer l'affirmation contraire.

Pour en revenir à nos indigènes de la Nékopo, je dois dire que Graviné n'a pas tout à fait atteint son but, car ces indigènes, au lieu d'aller construire leurs cases auprès de son village, ont préféré s'installer dans les hautes gorges qui donnent sur cette vallée. Il ne leur en a coûté en somme que d'abandonner de vieilles cases, pleines de vermine, et d'en construire de neuves, plus saines, dans un air plus vivace, plus salubre, puis de défricher ou d'étendre les nouveaux jardins. Pour ces gens qui ont tant de temps à perdre, ce n'est réellement pas un grand embarras ! D'ailleurs, ils ont eu de larges compensations avec les travaux de routes, les constructions de cases pour les colons et les défrichements auxquels les ont employés ceux-ci. Dans les gains qu'ils en ont retirés, ils auraient pu trouver les éléments d'un grand bien-être pour l'avenir, si l'argent gagné ainsi n'avait malheureusement passé pour une trop grande part chez les débitants d'eau-de-vie.

Cette négociation ayant été approuvée par le département des Colonies permit de créer le centre de Nékopo, un de ceux qui ont le plus d'avenir. Plus tard, l'élan étant donné, l'œuvre fut poursuivie à Monéo, Ponérihouen, Baye, Ina, Tiéti et bien d'autres localités. Je tiens personnellement de M. M., à ce moment chef du service des affaires indigènes, et chargé en cette qualité de conduire les négociations, que jaloux des avantages qu'avaient retirés de leur abandon, Kaké et Graviné et les indigènes de la Nékopo, c'était parmi les chefs à qui ferait les offres les plus avantageuses. On a profité de leur empressement pour obtenir leur abandon sans grands débours. Que celui, simple particulier et surtout administrateur, qui n'a jamais cru de son devoir de profiter d'offres avantageuses, jette ici la première pierre !

Afin de faire à chacun sa part, je dois dire que si on avait strictement suivi les instructions de M. le gouverneur Feillet, les canaques auraient été resserrés dans leurs petits groupements, mais non transférés. Son idée était, pour mettre de la main d'œuvre à portée des colons, de maintenir et même de favoriser l'existence de petits villages indigènes disséminés au milieu des groupements de colons. Mais les grands chefs ont préféré l'abandon de parcelles tout d'une pièce, afin de mieux ramener leurs sujets sous la main, et ils ont été soutenus dans cette voie par les fonctionnaires, le travail de ceux-ci s'en trouvant abrégé.

Mais en opérant des transactions à Ina et à Amoa, on a touché ici à une autre arche sainte, et toutes les clameurs qui ont été poussées à propos de ces « *spoliations* », puisque *spoliations* il y a, devaient en découler. C'est que dans cette région où les cocotières larges et productives assurent un trafic rémunérateur, plusieurs missions maristes étaient installées. Comme je l'ai dit précédemment, ces moines d'affaires, imbus de l'idéal jésuite, ne s'attachent qu'à la poursuite de leur rêve : établir des *chrétientés* en pays riche, les peupler de fidèles dociles, et, dans ce but, soigneusement préserver ceux-ci de tout contact avec le blanc gouailleur et trop souvent incitant l'indigène à la débauche. Or, prendre de la terre aux indigènes dans ces régions, c'était comme si on avait arraché à ces maristes des lambeaux du cœur ! Leurs ouailles en avaient évidemment à ne savoir qu'en faire, mais n'escomptent-ils pas, les *bons pères*, de leurs troupeaux convenablement stylés, un accroissement de population tel que l'avenir permettrait d'étendre sur la plus large échelle les plantations, obtenir quantité de produits, surtout coprah et porcs dont les maristes se réservent le commerce, et voir leur caisse s'emplir de dîmes abondantes et surtout des gains d'un grand trafic ? Et pourtant, vaine fumée que tous ces rêves, ne voient-ils pas ces curieux missionnaires qui rêvent la propagation de la foi par le trafic que leurs canaques sont par trop ivrognes pour ne pas se laisser décimer eux aussi par le terrible poison, et âpres au gain comme le sont beaucoup d'entre eux, car leurs missions doivent être des affaires qui paient, dédaignent-ils toujours les profits de cette vente, tuant ainsi la poule aux œufs d'or !

Ainsi qu'on le voit, la politique de M. le gouverneur Feillet, poursuivant l'établissement de colons partout où s'offraient des terrains disponibles, devait fatalement le mettre en conflit avec la « *Mission* », ainsi qu'on désigne là-bas la congrégation mariste, seul clergé catholique de l'île, et centre du parti clérical. Mais M. Feillet l'avait déjà contre lui à cause du fait suivant : Dans les derniers mois de l'année 1895, M. M..., chef du service des affaires indigènes, que j'ai déjà cité, voulant procurer de la main d'œuvre aux colons, songea aux insurgés de 1878, internés à l'île des Pins, et leur offrit de retourner dans leur pays, à condition de contracter des engagements de plusieurs années chez les colons. Toujours hantés par le regret du sol natal, ces pauvres diables (beaucoup n'étaient à l'époque de l'insurrection que des enfants) acceptèrent avec empressement. Mais en leur faisant ces propositions, ce fonctionnaire, volontairement ou non, avait oublié que ces indigènes, persuadés ou circonvenus par les pères maristes tout puissants à l'île des Pins, s'étaient convertis, et sachant à quel point ces *hommes noirs* tiennent à leurs néophytes (ils arrivent si difficilement à ébranler les païens !), il devait prévoir que la Mission ne pardonnerait jamais au gouvernement de lui avoir soustrait ce groupe. M. le gouverneur Feillet, en approuvant les propositions de son collaborateur, ignorait probablement quelle épine il se mettait dans la main, mais quand même il s'en serait rendu compte, ça n'aurait pas été pour l'arrêter, car il n'est pas homme à supporter une domination monastique aussi étroite que celle des maristes sur leurs obédients.

Donc, à partir de ce moment, commença la guerre acharnée, la guerre à coups de couteau, que soutint contre le gouvernement l'évêque F..., vicaire apostolique de la Nouvelle-Calédonie, secondé naturellement par ses acolytes et ses nombreux partisans, car là-bas la « *Mission* » est puissante, et soit conviction, soit inféodation à un titre quelconque, beaucoup affectent de lui être dévoués. Or, tout dans les mains de la *Mission* a été arme pour combattre M. Feillet et obtenir, s'il se pouvait, son rappel : les « *spoliations* » des indigènes, d'ailleurs dépeintes dans les termes les plus propres à faire prendre le change et exagérant les translations de villages dans des proportions fantastiques, — l'impôt de capitation si désagréable, il est vrai, à ces avocats intéressés, car toute taxe exigée par l'administration est autant de moins pour leur caisse. — On a été jusqu'à susciter des troubles dans les tribus ou à envenimer les querelles des canaques, et cela, dans le but ostensible de jeter le désarroi dans l'œuvre du Gouverneur et d'exploiter l'inquiétude qu'on ne manquerait pas d'en ressentir à Paris !

A toutes ces menées, M. Feillet répondit en homme résolu et les déjoua toutes. Non seulement tous les hommes de progrès que compte notre grande colonie du Pacifique le soutinrent ardemment, mais il s'est si bien expliqué au Département sur toutes ces luttes que son poste de gouverneur est encore entre ses mains. Aussi voyant que l'intrigue ne réussissait pas dans les bureaux, on a cherché à agir sur l'opinion

publique en lui présentant les faits de façon à
l'égarer.

On a déjà pu se rendre compte de ce que c'était
que cette « *spoliation* » des terres aux indigènes.
Je vais maintenant examiner cette question de
l'impôt de capitation et faire également le jour
sur certaines menées dont on a cherché à empê-
trer M. le gouverneur Feillet.

La taxe de 10 francs à laquelle se monte l'impôt de capitation n'est nullement exagérée et
les indigènes ont de multiples moyens d'en trouver le montant. Indépendamment de leurs produits : café, coprah, porcs, bananes, qu'il ne dé-
pend que d'eux d'obtenir en quantité suffisante,
ils peuvent toujours trouver cet argent au bout
de leurs bras. 10 francs de capitation repré-
sentent : 5 journées de travail aux mines, 7 journées à bord des bateaux et 10 journées chez les
colons. Réellement, ce n'est pas excessif. Re-
marquons tout d'abord que la balance de l'impôt
est autrement lourde, quoi qu'on ait dit, pour le
blanc que pour l'indigène. En effet, le système
financier de cette colonie repose principalement
sur les taxes de consommation dont l'ensemble
dépasse largement 2 millions, et, en fait, se ré-
partit presque entièrement sur la population
blanche, 15.000 personnes environ, non compris
les pensionnaires des pénitenciers, ce qui, avec
les impôts directs, rend la part de chacun de

près de 150 francs (*femmes, enfants et militaires compris*). Or l'indigène n'est un peu atteint par ces taxes qu'en raison de l'alcool qu'il boit (ce dont on s'efforce de l'empêcher, soit par prohibition directe, soit par propagation morale), et dans une infime proportion en raison des objets manufacturés qu'il achète (1). Que devient, même en tenant compte de cette taxe de capitation de 10 francs qui n'est perçue que sur les adultes mâles capables de travailler (en fait les hommes de 16 ans à 60 ans, moins les infirmes), le quantum de l'impôt réellement perçu sur chaque tête d'indigène en comparaison de celui que supportent les blancs ! En outre, cet impôt est absolument justifié, car cette population indigène motive de fortes dépenses au budget de la Colonie, personnel du service des affaires indigènes et nombreuses brigades de gendarmerie qui n'ont de raison d'être que la surveillance des tribus, ainsi que plusieurs écoles ; et c'est seulement quand le Conseil général s'est trouvé com-

(1) Ce qui rentre au Trésor de ce chef donnerait certes un chiffre vraiment insignifiant si on en faisait le calcul, le canaque n'achetant guère que des étoffes, des articles de quincaillerie, parfois du pain, du sucre et des conserves, toutes choses passant franches de droit (à part les taxes douanières quand elles viennent de l'étranger). Quant au tabac que fume le canaque, il est presque toujours récolté dans ses jardins ; quand il fume du tabac manufacturé, c'est généralement qu'il l'a obtenu de la libéralité d'un blanc.

posé d'une majorité cléricale qu'il a renoncé au recouvrement de la capitation. Maintenant, on apprendra peut-être avec intérêt que les païens et les protestants, ces derniers très nombreux à l'heure actuelle, ne font aucune difficulté pour payer l'impôt, mais que les résistances dont on a fait tant de bruit proviennent exclusivement des tribus catholiques, et à voir la chaleur qu'on a mise à soutenir leur cause et les arguments qu'on a employés dans la plaidoirie, on se persuade facilement qu'elles y ont été poussées par leurs avocats !

En 1897, la circonscription de Hienghène fut fortement agitée par des troubles entre le grand chef Bouaratte et son vassal Goa de Cavatch. Ici encore, histoire de femmes, il n'y a d'ailleurs que ce motif qui puisse faire mettre les armes aux mains des canaques. Cette affaire où M. M... a joué le principal rôle et où il n'a suivi que sa propre inspiration, M. le gouverneur Feillet étant en ce moment-là en congé en France, aurait sans doute pu être conduite avec plus de ménagements et aboutir à une issue pacifique, mais le chef du service des affaires indigènes prenant parti pour Goa, préféra une exécution militaire, à laquelle contribuèrent fortement les canaques de Koné. M. M... estimait qu'une leçon était nécessaire à ces canaques de Hienghène, les plus remuants de l'île, et en même temps, il voulait gagner des terres pour la colonisation. Mais si colonisateur que soit M. Feillet, il ne put approuver les actes de son lieutenant et, dès son retour dans la colonie, il s'empressa de se priver de ses services. Par la suite, M. Arnaud, inspecteur général des colonies, vint enquêter, tant sur les troubles de Hienghène que sur les transactions effectuées avec les chefs indigènes dans les régions d'Amoa, Ina et Ponérihouen sans trouver rien à reprendre à ces dernières.

Vers la fin de l'année 1899, des menées louches agitant les indigènes des tribus d'Ina, Amoa et Tiwaka, tribus catholiques, une commission composée de MM. Ch. Leconte, président de la Cour d'appel, Fawtier, chef du service des affaires indigènes, et Fortin, commandant d'escadron d'artillerie, alla sur les lieux procéder à une enquête. Le paiement de l'impôt de capitation formait l'un des principaux griefs à examiner. Cette commission entendit tous ceux qui étaient intéressés dans le débat, et publia leurs dépositions *in-extenso*. Son procès-verbal qui établit clairement de quels meneurs les indigènes étaient les créatures dociles, est très curieux à consulter. On peut le trouver dans la collection du journal officiel de la colonie (année 1900), et de plus, il a reçu une large publicité par les soins du journal *La Calédonie*.

En 1901, encore pendant une des absences de

M. le gouverneur Feillet, éclatent des troubles entre le païen Amane, le chef de la tribu des Poyes, et son suzerain officiel, le catholique Hippolyte, grand chef de Touho. Or, Amane s'est soulevé, non pour ne pas payer l'impôt de capitation, mais seulement pour ne pas avoir à le verser entre les mains d'Hippolyte, qui le molestait depuis longtemps et lui avait même enlevé une de ses femmes, offense impardonnable pour un canaque. Pour qui sait à quel point un ca-naque catholicisé s'inspire dans ses actes importants auprès du missionnaire, il sera facile de deviner à quelles ficelles dans cette circonstance obéissait Hippolyte. Mais ce qu'il importe de savoir c'est qu'Amane n'a jamais voulu se battre contre les Français. Il faisait la guerre au chef de Touho et à ses hommes, et n'a jamais combattu que ceux-ci. S'il avait voulu, armés comme l'étaient ses canaques, tous munis de fusils, il aurait pu faire « *canarder* » l'un après l'autre tous les soldats qu'on a envoyés à sa poursuite, les forêts où il se tenait, des plus sauvages parmi cette sylve du massif central où, disposés sur les pentes de grandes montagnes abruptes, troncs d'arbres, rochers, lianes et fougères s'entre-mêlent chaotiquement les uns aux autres, favorisant les embuscades on ne peut mieux. Le cas du soldat Dabin, autour duquel on a fait un certain bruit, est isolé, c'est l'unique coup de fusil tiré contre les blancs (et c'est évidemment le fait d'un détraqué), alors que les Poyes ne se faisaient pas faute de flanquer de formidables « *piles* » aux malheureux Touho.

Il n'a pas tenu à certaines personnalités militaires participant alors à la direction des affaires et dont les attaches avec le parti clérical n'étaient pas ignorées, que l'affaire des Poyes soigneusement mise en coupe et exploitée, ne donnât les bénéfices escomptés aux uns et du prestige militaire aux autres. Mais l'événement n'avait pas abouti à temps, et le retour de M. Feillet fit avorter l'entreprise, presque dans l'œuf. Dès son arrivée, le gouverneur se transporta en hâte à Koné, et accompagné de deux ou trois personnes dont un éleveur de la région, M. Ch. Metzdorff, ce *spoliateur des indigènes*, traversa à cheval le massif central par des sentiers, *chemins de stock man* (1), qu'il faut avoir pratiqués pour s'en faire une idée. N'était-ce pas bien téméraire à lui, et ne se jetait-il pas, comme on dit, dans la gueule du loup, en se lançant dans cette aventure, car apparemment ces indigènes qui devaient le haïr particulièrement, lui le *ravisseur de leurs terres*,

(1) *Stockman,* terme anglais emprunté à l'Australie pour désigner les gardiens de bétail. Intrépide cavalier vivant le plus souvent dans des stations isolées, n'échappant que de loin en loin à sa solitude pour faire une course au village voisin, très hospitalier, le stockman calédonien a quelques traits de ressemblance avec le *gaucho* des Pampas.

le *fauteur de ces impôts écrasants*, ayant si belle
de lui tendre une embuscade, saisiraient en hâte
cette occasion unique de se venger sur lui, sans
aucun risque, de leurs malheurs ? Pourtant, tout
au contraire, personne ne cherche à faire un
mauvais parti aux voyageurs, et Amane, dès
qu'il apprend l'arrivée de M. Feillet, se porte de
suite à sa rencontre et, dès la première entrevue,
consent à déposer les armes et à s'en remettre de
ses griefs contre son suzerain (non contre l'administration) à sa justice. Et le jugement qui
fut rendu en palabre solennel, auquel com-
parurent les deux chefs, fut écrasant pour
Hippolyte. On peut le trouver dans le journal
officiel de la colonie (année 1901).

La dernière affaire qui ait agité la Nouvelle-
Calédonie au point de vue indigène s'est produite
l'année dernière, à la suite des dénonciations
indignées de M. L..., colon à Bouloupari, et qui
a été un moment président du conseil général,
contre un voisin et ancien ami, M. D..., qui en
qualité de conseiller dévoué de M. le gouverneur
Feillet, était particulièrement désigné à la haine
du parti clérical. Le bruit que faisait M. L...,
roulait principalement au sujet d'un « *contrat de
servage* » qu'il répudiait tout à coup, après en
avoir bénéficié lui-même un certain temps sans
que sa conscience l'avertît. Les « *serfs* » en question
étaient ces anciens insurgés de 1878, ou leurs

descendants, retirés par M. M... de l'île des Pins, et engagés par les soins de son service chez des colons de Bouloupari, la Foa et Canala. A l'expiration de ces engagements, l'administration crut agir pour le mieux, dans le propre intérêt de ces canaques, en obtenant de ces deux colons qu'ils fissent abandon en commun d'une certaine partie de leurs terrains pour y installer ces indigènes et leur permettre d'y constituer une tribu, à charge par les occupants de venir travailler aux plantations de ces colons chaque fois que des travaux pressants exigeraient leur présence, la journée de travail devant leur être payée toutefois au tarif normal en usage dans la région. Voir dans un pareil contrat l'établissement d'un régime de servage me paraît étrangement excessif, d'autant plus qu'aucune contrainte n'était prévue contre celui des indigènes qui aurait voulu rompre le lien et qu'ils occupaient ces terres seulement contre un droit de préemption sur leur travail. Je connais bien des canaques qui, pour occuper des morceaux de terrain leur plaisant particulièrement, ont passé des conventions analogues avec des colons, *en dehors de toute ingérence administrative*, et exécutent très loyalement le contrat, sans paraître s'en trouver plus malheureux que lorsqu'ils ont à payer le tribut à l'un des innombrables petits chefs de la féodalité indigène, pour avoir cultivé sur son domaine. En tout cas, M. L... ne poussa les hauts cris que lorsqu'un froissement personnel lui fit rompre en visière avec le gouverneur dont, jusque-là, il avait été un chaud partisan, et lorsqu'il s'agit de soutenir ses dires devant la commission d'enquête nommée à cet effet, commission composée de hauts fonctionnaires dont l'honorabilité lui donnait toute garantie : MM. Gélot, chef de bureau du secrétariat général du gouvernement ; Aubry-Lecomte, chef du service des affaires indigènes, et Maudet, chef d'escadron de gendarmerie, il trouva moyen de se dérober, en alléguant que ses dépositions pouvant être altérées, il ne voulait parler que devant un tribunal. Pourtant il savait bien que toutes les dépositions recueillies par cette commission seraient publiées et que, même dans le cas où ses craintes auraient été justifiées, il trouverait toujours un organe dans la presse locale pour accueillir ses rectifications. Que penser de ces versatilités surtout quand on songe que le seul résultat de cotte affaire ayant été la séparation en deux tribus distinctes de ces indigènes, M. L... continua à bénéficier comme par devant de ce prétendu *« servage »* (1)?

(1) Le procès-verbal de cette commission d'enquête se trouve *in-extenso* dans la collection du journal officiel de la colonie (année 1902).

CONCLUSIONS

Nous sommes presque tous pénétrés de principes d'humanité, imposant non seulement le respect le plus étendu de la vie de tout homme, mais encore exigeant que la liberté de ses actes et la libre jouissance de ses biens lui soient garanties, cela autant du moins que notre état social le comporte. En veillant à l'application de ces principes, nous obéissons surtout à un sentiment de solidarité qui nous avertit que nous sommes atteints par toute entreprise dirigée contre notre semblable et que de l'avoir supportée nous expose, tôt ou tard, à en souffrir pour notre propre compte d'analogues. En outre, nous cédons aussi en nous livrant à ces mouvements, à des sentiments d'équité et de fraternité qui parlent de plus en plus haut à notre raison.

Mais si cette voix est respectable, il y en a une autre, non moins puissante, qui nous gourmande de notre stagnation, nous invite à l'effort, nous

enseigne qu'on ne doit pas laisser la patrie s'a-
trophier dans les étroites limites d'antan, mais
que, débordant de toutes parts, il faut lui gagner
de nouvelles terres, y construire son foyer,
y fonder des cités, colonnes de l'œuvre et de
l'esprit français, enfin que la plante française
languissante dans un sol appauvri doit projeter
tout à l'entour du globe, des sarments qui,
pompant à même aux terres vierges leurs réserves d'humus, feront couler à flots la sève dans
ses canaux et lui referont un nouvel éclat de
jeunesse et de vitalité. Beaucoup, les vaillants,
les inquiets, écoutent cette voix et se lancent
dans la chanceuse aventure, mais croit-on qu'à
ces terres vierges qui ne sont pas sans occupants,
ils pourront obtenir leur place sans être obligés
de bousculer quelque peu ceux dont elles étaient
jusque-là le domaine incontesté et dont tout,
mœurs, esprit, irrite les nouveaux venus ?
Songez donc, là se rencontrent côte à côte,
les hommes animés des tendances les plus
contraires.

Et précisément, dans les contrées qui nous
sont départies, contrées où le climat trop chaud
déprime l'européen, celui-ci ne peut venir à bout
de son œuvre seul ; il lui faut de l'aide, des bras
à bon marché ; et alors qu'il risque la ruine noire,
l'existence même de la famille, pourra-t-il résis-
ter à la tentation d'embrigader ces gens sous ses

ordres de façon plus ou moins détournée, alors que chacun en use si largement en Europe, où un si grand nombre de malheureux, n'ayant le moyen de vivre que dans leurs bras, sont obligés de se courber bien bas sous les ordres d'autrui pour gagner le pain de chaque jour ? Demandez donc à beaucoup de nos salariés si l'obéissance qu'on exige d'eux s'arrête toujours strictement à l'exécution du travail auquel on les emploie ?

Etant donnés les deux grands courants d'idées qui nous transportent, et les conflits que doivent déterminer leurs impulsions souvent contraires, on doit attendre du chef d'une colonie que tout en donnant tout son effort à la pénétration de l'élément blanc, l'élément d'avenir, il sauvegarde autant qu'il est en lui la race indigène, et sache régler selon le degré de souplesse et de compréhension acquis, l'étendue du champ où elle sera en contact avec les colons et lui proportionner selon la mesure où elle se montre capable de le supporter, le débat multiple, la lutte morale, d'où elle tirera une éducation et acquerrera une véritable personnalité.

Or c'est précisément le principe auquel a toujours obéi M. le gouverneur Feillet. Pouvant prendre d'autorité ces terrains inoccupés sur lesquels l'administration était armée d'un droit supérieur, il a préféré, pour éviter autant qu'il

était en lui tout froissement, s'entendre avec les
chefs, représentants attitrés des tribus, et leur
verser une indemnité en gage d'acceptation du
contrat. Mais encore une fois, cette indemnité ne
doit pas s'entendre comme vente des terres, la
situation étant bien déterminée à cet égard, mais
seulement comme renonciation à l'usufruit tel
que l'avait déterminé l'acte de 1877. Il ne faut
pas le perdre de vue, le Gouverneur, dans la
procédure suivie à l'égard de cette dépossession
des indigènes, a fait autant que le lui permet-
taient les ressources de la colonie en *argent*
et en *agents techniques*. Je voudrais bien savoir
qui, à sa place, et avec les moyens d'action dont
il disposait, aurait fait mieux! N'oublions pas
non plus que M. Feillet, fidèle au véritable intérêt que lui inspira la race aborigène, s'est toujours refusé à profiter des dissensions intestines
qui, cuisinées savamment, auraient pu si facilement devenir des troubles graves permettant
l'exil en masse et l'occupation sans bourse délier
de terrains superbes, et que, non seulement il a
formellement marqué sa désapprobation à cet
égard (comme pour les troubles de Hienghène),
mais encore n'hésitant pas à l'occasion, à aller
sur les lieux payer de sa personne et qu'une
preuve éclatante des sentiments qu'il inspire
aux canaques lui a été donnée, alors, dans la
confiance que lui témoigna Amane et sa tribu

déposant de suite les armes et ne voulant s'en
remettre qu'à lui seul de leur sort (1).

Oui, certes, sauf les misérables serfs des « Missions », triste bétail humain maintenu dans le
terre à terre le plus étroit, et devant s'en remettre de toute sa pensée, de tout son être
moral en somme au missionnaire mariste, au
« *père* » dont la parole avide de domination et de
lucre les étreint, nous dirions même les op-
prime, oui, les indigènes, loin de voir dans M.
Feillet *le spoliateur de terres*, *l'écraseur d'impôts*, lui sont au contraire reconnaissants de la
sympathie qu'il leur a témoignée en toute occasion, de l'attention qu'il a apportée à les écouter,
du soin avec lequel il s'est fait expliquer leurs
mœurs, leurs coutumes, leurs légendes, leurs
fêtes ; il a conquis leur cœur en acceptant parfois, avec simplicité, leur humble hospitalité ; en
un mot, ils l'aiment pour les avoir, lui, le grand
personnage, traités comme des gens dignes d'attention, avec qui on peut frayer, et non, comme
ils y sont trop habitués, les avoir écrasés de son
dédain le plus hautain. Aussi ils ont toujours
voulu lui en marquer leur reconnaissance (et je

(1) Je puis citer comme preuve de cet intérêt un fait bien
concluant : c'est la création, de 1894 à 1900, de nombreuses
brigades de gendarmerie dans les régions du centre et du
nord-est, ces brigades n'ayant d'autre raison d'être que la
tutelle des tribus principalement massées dans cette partie
de l'île, et la surveillance de leurs rapports avec les colons.

puis en témoigner directement) par toutes les
fêtes, par toutes les naïves décorations dont ils
s'ingéniaient, chaque fois qu'un de ses nombreux
voyages l'amenait à passer dans leurs tribus.

D'ailleurs, la politique de M. Feillet prouve,
par ses résultats, qu'elle est la meilleure qu'on
puisse suivre à l'égard d'une race indigène, même
à son propre point de vue. Grâce au sursaut dont
il l'a secouée, nous nous éloignons de plus en
plus de cette torpeur mortelle où elle s'enlisait,
présage trop sûr de sa disparition prochaine. Le
bouleversement des habitudes, les récrimina-
tions des uns, les raisonnements des autres, les
débats journaliers et de toute nature avec ces colons, leurs nouveaux voisins, leur ont donné le
désir de s'instruire, de s'approprier une base morale, de s'assimiler un peu de cette civilisation
qui s'implante de plus en plus, de se donner la
capacité de tirer fruit de ce travail auquel il faut
maintenant se plier, moitié de gré, moitié de
force ; de tenir enfin leur petite place en face des
blancs. Mais, fait caractéristique, ces éléments
de culture, ce n'est pas aux *maristes* qu'on va les
demander, malgré les promesses fallacieuses par
lesquelles on cherche à les attirer, en leur faisant entrevoir les terres rendues ou préservées,
la capitation abolie. Peine perdue, car les canaques, observateurs avisés, craignent trop le
servage monastique, et l'exemple de ceux qui s'y

sont laissés prendre leur est un suffisant aver-
tissement. Non, ceux qu'ils accueillent, qu'ils
appellent même, avec qui ils se réunissent le soir,
ou lors des heures chaudes de la journée, pour
déchiffrer l'alphabet et s'efforcer de pénétrer les
mystères de la Bible, ce sont les évangélisateurs
loyaltiens, ceux qui propagent, au désespoir et à
la rage non dissimulée de la « *Mission* », le protestantisme, et lui ont déjà conquis bon nombre de
tribus, peut-être la moitié. Tout philanthrope
sincère, qu'il soit croyant ou non, ne peut que
s'applaudir de cette œuvre, car, par sa prohibition expresse de toute boisson alcoolique, par
la moralité obligatoirement exigée de tout homme
et de toute femme faisant partie de l'Eglise, bien
des chances d'extinction, c'est à dire : affections
de poitrine, prostitution, avortement, seront
ainsi évitées aux générations qui se succéderont
sur le sol calédonien. Et voulez-vous toute ma
pensée ? C'est surtout à cause de l'appui qui a été
donné à cette propagation, que la « *Mission* » en
veut à M. Feillet et l'a combattu avec l'acharne-
ment que l'on sait.

Loin qu'il y ait à récriminer contre les mesures
qui ont retiré aux indigènes une partie des terres
dont ils disposaient, il faut au contraire s'en applaudir, comme du commencement d'un scin-
dement donnant à chacune des parties, blancs et
noirs, la part qui lui revient dans une contrée

tout en creux et saillies, où le soleil a vite fait de couler du plomb dans les jambes de ceux qui ne sont guère faits pour ce climat. Aux colons les basses plaines du bord de la mer et des grandes vallées qui serpentent entre les montagnes, où l'exploitation du sol leur sera facile. Aux canaques les gorges et les vallons ébréchant les croupes montueuses, où ils trouveront de l'eau en abondance pour l'irrigation de leurs cultures vivrières, et des forêts excellentes pour leurs plantations de caféiers, et, il faut l'espérer, dans un avenir prochain, de caoutchoutiers, où ils trouveront aussi une vie plus saine et plus libre dans un air plus pur et plus excitant, et pourront, comme tous ceux qui plantent leur tente sur les hauteurs, se développer l'esprit à la contemplation d'horizons plus étendus, et la raison à la comparaison d'objets plus divers, et où surtout ils auront plus de chances d'être soustraits à l'influence pernicieuse de cette tourbe pénitentiaire dont, pour de longues années encore, notre malheureuse Calédonie sera empestée. Déjà, sur la côte ouest, ils se sont presque tous retirés au pied de la chaîne centrale, à l'issue des grandes forêts, au plus profond des replis où se forment les rivières, et là développent en paix leurs petites communautés. Rien qu'au point de vue de la lèpre, peu active dans un milieu aussi salubre, cette tendance serait à encourager.

Ne déplorons pas non plus le trouble apporté dans l'existence des aborigènes par notre intrusion en Calédonie. En somme, le canaque était peu intéressant sous tous les rapports. D'avoir perdu ce qui passe communément pour le beau rôle, ça l'a fortement assagi et même pas mal relevé au point de vue moral. Non seulement il ne charge plus ses mains d'armes désormais inutiles, mais il est devenu beaucoup plus humain pour sa compagne qu'il aide maintenant dans toutes ses besognes. De même, d'avoir abandonné la préparation des armes, haches, sagaies et casse-têtes, ça lui a fait acquérir plus de goût pour l'amélioration et l'embellissement de son humble « home ». D'avoir parfois à souffrir dans ses rapports avec certains colons, voire même avec certains fonctionnaires, parfois un peu trop brutaux, ça lui a fait découvrir des notions de morale, de justice et de dignité dont, auparavant, il ne se doutait pas. Je le répète, il n'est telle école que celle du malheur et, reconnaissons-le, nous en avons tous besoin. Donc, comme à toute race en ce monde, c'était son tour à celle-ci de passer à l'épreuve, à elle de prouver qu'elle est capable de force morale et de caractère, et de prendre rang parmi celles qui accomplissent leur petite part dans la grande œuvre humaine. En tout cas, félicitons-la d'avoir eu affaire à des gens généralement aussi doux et aussi humains que le sont les Français. Elle aurait pu se trouver aux prises avec plus dure partie. Je terminerai avec elle en lui souhaitant beaucoup d'écoles de toutes sortes, dans le plus bref délai, et quelques administrateurs consciencieux et éclairés, car longtemps encore elle aura besoin, comme tous les peuples enfants, *ou plutôt attardés*, de guides désintéressés dirigeant ses pas.

N'oublions pas surtout que, nous Français, nous avons besoin de coloniser si nous ne voulons pas abdiquer nos droits au grand rôle qui sera départi à chacun des peuples d'Europe dont l'expansion pénétrera de rivage en rivage jusqu'aux confins les plus reculés du Monde. Non pas tard venus au festin, mais par trop insouciants, d'autres se sont bien pourvus, souvent à nos dépens, et, des pays d'avenir, nous devons nous contenter de quelques misérables bribes. Raison de plus pour ne pas négliger telles de nos rares possessions qui, comme la Nouvelle-Calédonie, la « *Terre des Niaoulis* », se prêtent si bien au peuplement que les familles y sont aussi fécondes qu'au Canada ! Multiplions donc, autant qu'il sera en nous, les semences françaises jetées sur ce coin du globe où, par bonheur, elles retrouvent une si belle vitalité, et favorisons de notre mieux leur germination et leur croissance. Sachons donc nous en rendre compte, il ne tient peut-être qu'à la race française, à qui tout sourit là-bas, de se renouveler à l'aide du beau climat calédonien et, débordant de son étroit domaine, de prendre largement pied sur l'immense empire que s'est adjugé, sur cette partie du globe, la race britannique, nous donnant ainsi, en dépit des plans des politiques, une belle France australasienne. Or, ces desseins sont réalisables, mais à condition qu'on pousse tout de suite dans notre précieuse colonie un large flot d'émigration, car le temps a son prix, et le Destin se lasse de favoriser ceux qui restent sourds et aveugles à ses avances.

Dole-du-Jura. — Imp. Girardi et Audebert. — 1053-03.

www.ingramcontent.com/pod-product-compliance
Lightning Source LLC
Chambersburg PA
CBHW051610060726
47597CB00004B/1221